A tous mes Frè[…]
dans l'épiscopat et dans le sacer[…],
salut et bénédiction apostolique!

1. VINGT-CINQ ANNÉES se sont écoulées depuis que, le 4 décembre 1963, le Souverain Pontife Paul VI promulguait la constitution *Sacrosanctum Concilium* sur la sainte liturgie, que les Pères du deuxième Concile du Vatican, rassemblés dans l'Esprit Saint, venaient d'approuver.[1] Ce fut un événement mémorable à plus d'un titre. Il était, en effet, le premier fruit du Concile voulu par Jean XXIII pour l'« aggiornamento » de l'Eglise; il avait été préparé par un large mouvement liturgique et pastoral; il était porteur d'espérance de vie et de renouveau pour l'Eglise.

En effectuant la réforme de la liturgie, le Concile réalisait, à un titre tout à fait particulier, le but fondamental qu'il s'était proposé: « Faire progresser la vie chrétienne de jour en jour chez les fidèles; mieux adapter aux nécessités de notre époque celles des institutions qui sont sujettes à des changements; favoriser tout ce qui peut contribuer à l'union de tous ceux qui croient au Christ; fortifier tout ce qui concourt à appeler tous les hommes dans le sein de l'Eglise ».[2]

[1] *AAS* 56 (1964), pp. 97-134.
[2] Const. *Sacrosanctum Concilium*, n. 1.

2. Dès le début de mon service pastoral sur le siège de Pierre, j'ai tenu à « souligner l'importance permanente du deuxième Concile œcuménique du Vatican » et j'ai pris « l'engagement formel de l'appliquer soigneusement ». J'ajoutais qu'« il faut porter à maturité, dans le sens du mouvement et de la vie, les semences fécondes que les Pères du Concile œcuménique, nourris par la parole de Dieu, ont jetées dans la bonne terre (cf. *Mt* 13, 8.23), c'est-à-dire leurs enseignements autorisés et leurs choix pastoraux ».[3] A plusieurs reprises ensuite, j'ai développé, sur divers points, l'enseignement du Concile sur la liturgie,[4] et j'ai rappelé l'importance de la constitution *Sacrosanctum Concilium* pour la vie du peuple de Dieu: en elle « on peut déjà découvrir la substance de la doctrine ecclésiologique qui sera par la suite proposée par l'assemblée conciliaire. La constitution *Sacrosanctum Concilium,* qui fut le premier document conciliaire dans l'ordre chronologique,

[3] Premier message au monde (17 octobre 1978): *AAS* 70 (1978), pp. 920-921.

[4] Cf. en particulier: Encyclique *Redemptor hominis* (4 mars 1979), nn. 7. 18-22: *AAS* 71 (1979), pp. 268-269, 301-324; Exhortation apostolique *Catechesi tradendae* (16 octobre 1979), nn. 23. 27-30. 33. 37. 48. 53-55. 66-68: *AAS* 71 (1979), pp. 1296-1297, 1298-1303, 1305-1306, 1308-1309, 1316; Lettre *Dominicae Cenae* sur le mystère et le culte de la Sainte Eucharistie (24 février 1980): *AAS* 72 (1980), pp. 113-148; Encyclique *Dives in misericordia* (30 novembre 1980), nn. 13-15: *AAS* 72 (1980), pp. 1218-1232; Exhortation apostolique *Familiaris consortio* (22 novembre 1981), nn. 13. 15. 19-21. 33. 38-39. 55-59. 66-68: *AAS* 74 (1982), pp. 93-96, 97, 101-106, 120-123, 129-131, 147-152, 159-165; Exhortation apostolique post-synodale *Reconciliatio et paenitentia* (2 décembre 1984): *AAS* 77 (1985), pp. 185-275, spécialement les nn. 23-33, pp. 233-271.

anticipe »[5] la constitution dogmatique *Lumen gentium* sur l'Eglise et s'enrichit, à son tour, de l'enseignement de cette constitution.

Après un quart de siècle, au cours duquel l'Eglise et la société ont connu des mutations profondes et rapides, il est opportun de mettre en lumière l'importance de cette constitution conciliaire, son actualité devant l'apparition de problèmes nouveaux et la valeur permanente de ses principes.

[5] *Allocution* aux participants du Congrès des Présidents et Secrétaires des Commissions nationales de Liturgie (27 octobre 1984), n. 1: *Insegnamenti*, VII, 2 (1984), p. 1049.

I

LE RENOUVEAU DANS LA LIGNE DE LA TRADITION

3. Pour répondre aux instance des Pères du Concile de Trente, préoccupés de la réforme de l'Eglise de leur temps, le Pape saint Pie V procéda à la réforme des livres liturgiques, en premier lieu le Bréviaire et le Missel. C'est le même objectif qu'ont poursuivi les Pontifes romains au cours des siècles suivants en assurant la mise à jour des rites et des livres liturgiques ou en les précisant, et ensuite, depuis le début de ce siècle, en entreprenant une réforme plus générale.

Saint Pie X institua une Commission spéciale chargée de cette réforme, dont il pensait qu'il faudrait de nombreuses années pour l'achever, mais il posa la première pierre de l'édifice en restaurant la célébration du dimanche et en réformant le Bréviaire romain.[6] « En vérité, affirmait-il, tout cela exige, selon le jugement des experts, un travail aussi étendu par son ampleur que par le temps qu'il demandera; aussi

[6] Const. apost. *Divino afflatu* (1er novembre 1911): *AAS* 3 (1911). pp. 633-638.

est-il nécessaire que passent de nombreuses années avant que cet *édifice* liturgique, pour ainsi parler ... apparaisse de nouveau dans la splendeur de sa dignité et de son harmonie, une fois nettoyé des enlaidissements, dus à l'âge ».[7]

Pie XII reprit le grand dessein de réforme de la liturgie en publiant l'encyclique *Mediator Dei*[8] et en instituant une nouvelle Commission.[9] Il prit, par ailleurs, des décisions sur des points importants, comme la nouvelle version du Psautier, pour faciliter l'intelligence de la prière des psaumes,[10] l'assouplissement du jeûne eucharistique, pour favoriser un accès plus facile à la Communion, l'usage de la langue vivante dans le Rituel, et surtout la restauration de la Veillée pascale[11] et de la Semaine sainte.[12]

Au début du *Missel romain* de 1962 figurait la déclaration de Jean XXIII selon laquelle « les grands principes commandant la réforme de l'ensemble de la liturgie devaient être proposés aux Pères au cours du prochain Concile œcuménique ».[13]

[7] Motu proprio *Abhinc duos annos* (23 octobre 1913): *AAS* 5 (1913), pp. 449-450.

[8] 20 novembre 1947: *AAS* 39 (1947), pp. 521-600.

[9] S. Congrégation des Rites, Section historique, n. 71, *Memoria sulla riforma liturgica* (1946).

[10] Pie XII, Motu proprio *In cotidianis precibus* (24 mars 1945): *AAS* 37 (1945), pp. 65-67.

[11] S. Congrégation des Rites, Décret *Dominicae Resurrectionis* (9 février 1951): *AAS* 43 (1951), pp. 128-129.

[12] S. Congrégation des Rites, Décret *Maxima redemptionis* (16 novembre 1955): *AAS* 47 (1955), pp. 838-841.

[13] Jean XXIII, Motu proprio *Rubricarum instructum* (25 juillet 1960): *AAS* 52 (1960), p. 594.

4. Une telle réforme d'ensemble de la liturgie répondait à une attente générale dans l'Eglise. Car l'esprit liturgique s'était répandu de plus en plus dans presque tous les milieux, avec le désir d'une « participation active aux mystères sacrosaints et à la prière solennelle de l'Eglise »,[14] avec aussi l'aspiration à entendre la parole de Dieu plus largement. Liée au renouveau biblique, au mouvement œcuménique, à l'élan missionnaire, à la recherche ecclésiologique, la réforme de la liturgie devait contribuer à la rénovation globale de l'Eglise. Je l'ai rappelé dans ma lettre *Dominicae Cenae:* « Il existe en effet un *lien* très étroit et organique *entre le renouveau de la liturgie et le renouveau de toute la vie de l'Eglise*. L'Eglise agit dans la liturgie, mais elle s'y exprime aussi, elle vit de la liturgie et elle puise dans la liturgie ses forces vitales ».[15]

La réforme des rites et des livres liturgiques a été entreprise presque aussitôt après la promulgation de la constitution *Sacrosanctum Concilium* et réalisée en quelques années grâce au travail considérable et désintéressé d'un grand nombre d'experts et de pasteurs de toutes les parties du monde.[16]

[14] S. Pie X, Motu proprio *Tra le sollecitudini dell'officio pastorale* (22 novembre 1903): Pii X Pontificis Maximi Acta, I, p. 77.

[15] Lettre *Dominicae Cenae* (24 février 1980), n. 13: *AAS* 72 (1980), p. 146.

[16] Cf. Const. *Sacrosanctum Concilium,* n. 25.

Ce travail a été accompli suivant le principe conciliaire: fidélité à la tradition et ouverture à un progrès légitime.[17] Aussi peut-on dire que la réforme liturgique est strictement traditionnelle « ad normam Sanctorum Patrum ».[18]

[17] Cf. *ibid.*, n. 23.
[18] Cf. *ibid.*, n. 50; *Missel romain,* Préambule, n. 6.

II

LES PRINCIPES DIRECTEURS DE LA CONSTITUTION

5. Les principes directeurs de la constitution, qui ont été à la base de la réforme, demeurent fondamentaux pour introduire les fidèles à une célébration active des mystères, « source première et indispensable du véritable esprit chrétien ».[19] Maintenant que la plupart des livres liturgiques ont été publiés, traduits et mis en usage, il demeure nécessaire d'avoir sans cesse ces principes devant les yeux et de les approfondir.

a) L'ACTUALISATION DU MYSTÈRE PASCAL

6. C'est, en premier lieu, le principe de l'actualisation du mystère pascal du Christ dans la liturgie de l'Eglise, « car c'est du côté du Christ endormi sur la croix qu'est né l'admirable sacrement de l'Eglise tout entière ».[20] Toute la vie li-

[19] Cf. Const. *Sacrosanctum Concilium*, n. 14.

[20] Const. *Sacrosanctum Concilium*, n. 5; *Missel romain*, Veillée pascale, oraison après la 7e lecture.

turgique gravite autour du sacrifice eucharistique et des autres sacrements, où nous puisons aux sources vives du salut (cf. *Is* 12, 3).[21] Nous devons donc avoir suffisamment conscience que « par le mystère pascal nous avons été mis au tombeau avec le Christ dans le baptême, afin qu'avec lui nous vivions d'une vie nouvelle ».[22] Quand les fidèles participent à l'Eucharistie, ils doivent comprendre que vraiment « chaque fois qu'est célébré ce sacrifice en mémorial, c'est l'œuvre de notre Rédemption qui s'accomplit ».[23] Il faut pour cela que les pasteurs les forment avec persévérance à célébrer chaque dimanche l'œuvre merveilleuse que le Christ a accomplie dans le mystère de sa Pâque pour qu'à leur tour ils l'annoncent au monde.[24] La nuit pascale doit retrouver dans le cœur de tous — pasteurs et fidèles — son *importance unique* dans l'année liturgique, au point d'être vraiment la fête des fêtes.

Parce que la mort du Christ en croix et sa résurrection constituent le contenu de la vie quotidienne de l'Eglise[25] et le gage de sa Pâque éternelle,[26] la liturgie a pour première tâche de

[21] Cf. Const. *Sacrosanctum Concilium*, nn. 5-6. 47. 61. 102. 106-107.

[22] *Missel romain*, Veillée pascale, Rénovation de la profession de foi baptismale.

[23] *Ibid.*, Messe du soir en mémoire de la Cène du Seigneur, Prière sur les offrandes.

[24] Cf. *ibid.*, Préface des Dimanches, I.

[25] Cf. Encyclique *Redemptor hominis* (4 mars 1979), n. 7: *AAS* 71 (1979), pp. 268-270.

[26] Cf. Lettre *Dominicae Cenae* (24 février 1980), n. 4: *AAS* 72 (1980), pp. 119-121.

nous ramener inlassablement sur le chemin pascal ouvert par le Christ, où l'on consent à mourir pour entrer dans la vie.

7. Pour actualiser son mystère pascal, le Christ est toujours là présent à son Eglise, surtout dans les actions liturgiques.[27] La liturgie est, en effet, le « lieu » privilégié de rencontre des chrétiens avec Dieu et celui qu'il a envoyé, Jésus Christ (cf. *Jn* 17, 3).

Le Christ est présent dans l'Eglise réunie dans la prière en son nom. C'est précisément cela qui fonde la grandeur de l'assemblée chrétienne et la raison de ses exigences d'accueil fraternel — au besoin jusqu'au pardon (cf. *Mt* 5, 23-24) — et de dignité dans les attitudes, les gestes et les chants.

Le Christ est présent et agit dans le prêtre qui célèbre.[28] Celui-ci n'est pas seulement investi d'une fonction, mais, en vertu de l'Ordination qu'il a reçue, il a été consacré pour agir « in persona Christi ». A cela doit correspondre son attitude intérieure et extérieure, y compris dans les vêtements liturgiques, dans la place qu'il occupe et dans les paroles qu'il prononce.

Le Christ est présent dans sa parole, proclamée dans l'assemblée et que l'homélie commente. Cette parole doit être écoutée dans

[27] Cf. Const. *Sacrosanctum Concilium*, n. 7; cf. Paul VI, Encyclique *Mysterium fidei* (3 septembre 1965): *AAS* 57 (1965), pp. 762. 764.

[28] Cf. S. Congrégation des Rites, Instruction *Eucharisticum mysterium* (25 mai 1967), n. 9: *AAS* 59 (1967), p. 547.

la foi et reçue dans la prière. Cela doit se voir dans la dignité du livre et du lieu de la proclamation de la parole de Dieu, dans la tenue du lecteur et la conscience qu'il a d'être le porte-parole de Dieu devant ses frères.

Le Christ est présent et agit par la puissance de l'Esprit Saint dans les sacrements et, d'une manière singulière et éminente (*sublimiori modo*), dans le sacrifice de la Messe sous les espèces eucharistiques,[29] même lorsqu'elles sont conservées dans le tabernacle, en dehors de la célébration, pour la communion avant tout des malades et l'adoration des fidèles.[30] Au sujet de cette réelle et mystérieuse présence, il revient aux pasteurs de rappeler fréquemment dans leur catéchèse la doctrine de la foi, dont les fidèles doivent vivre et que les théologiens sont appelés à approfondir. La foi en cette présence du Seigneur implique une marque extérieure de respect envers l'église, lieu saint où Dieu se manifeste dans son mystère (cf. *Ex* 3, 5), mais surtout au cours des célébrations des sacrements: que les choses saintes soient toujours traitées saintement!

b) La lecture de la parole de Dieu

8. En deuxième lieu vient le principe de la présence de la parole de Dieu.

[29] Cf. Paul VI, Encyclique *Mysterium fidei* (3 septembre 1965): *AAS* 57 (1965), p. 763.
[30] Cf. *ibid.*, pp. 769-771.

La constitution *Sacrosantum Concilium* a voulu aussi restaurer « une lecture de la Sainte Ecriture plus abondante, plus variée et mieux adaptée ».[31] La raison profonde de cette restauration est exprimée dans la constitution liturgique: « Pour qu'apparaisse clairement l'union intime du rite et de la parole dans la liturgie »,[32] et dans la constitution dogmatique sur la Révélation divine: « L'Eglise a toujours vénéré les divines Ecritures, comme elle l'a toujours fait aussi pour le Corps même du Seigneur, elle qui ne cesse pas, surtout dans la sainte liturgie, de prendre le pain de vie sur la table de la parole de Dieu et sur celle du Corps du Christ, pour l'offrir aux fidèles ».[33] Le développement de la vie liturgique et, par suite, le progrès de la vie chrétienne ne pourront se faire si l'on ne promeut continuellement chez les fidèles, et tout d'abord chez les prêtres, un « goût savoureux et vivant de la Sainte Ecriture ».[34] La parole de Dieu est maintenant plus connue dans les communautés chrétiennes, mais un vrai renouveau pose encore et toujours d'autres exigences: la fidélité au sens authentique de l'Ecriture qu'il faut toujours garder présent, particulièrement quant elle est traduite dans les différentes langues; la manière de proclamer la parole de Dieu pour qu'elle soit perçue comme telle, l'emploi

[31] Const. *Sacrosanctum Concilium*, n. 35.
[32] *Ibid.*
[33] Const. dogmatique *Dei Verbum*, n. 21.
[34] Const. *Sacrosanctum Concilium*, n. 24.

des moyens techniques appropriés, la disposition intérieure des ministres de la Parole pour bien remplir leur fonction dans l'assemblée liturgique,[35] la préparation soignée de l'homélie par l'étude et la méditation, le souci des fidèles de participer à la table de la Parole, le goût de prier les psaumes, le désir de découvrir le Christ — comme les disciples d'Emmaüs — dans les Ecritures comme dans le pain partagé.[36]

c) La manifestation de l'Eglise à elle-même

9. Le Concile a enfin voulu voir dans la liturgie une épiphanie de l'Eglise: elle est l'Eglise en prière. En célébrant le culte divin, l'Eglise exprime ce qu'elle est: une, sainte, catholique et apostolique.

Elle se manifeste *une,* de cette unité qui lui vient de la Trinité,[37] surtout quand le peuple saint de Dieu participe « à la même Eucharistie, dans une seule prière, auprès de l'autel unique où préside l'évêque entouré de son presbyterium et de ses ministres ».[38] Que rien ne vienne briser ni même distendre, dans la célébration de la liturgie, cette unité de l'Eglise!

[35] Cf. Lettre *Dominicae Cenae* (24 février 1980), n. 10: *AAS* 72 (1980), pp. 134-137.
[36] Cf. *Liturgie des Heures,* lundi de la 4e semaine, oraison des Vêpres.
[37] Cf. *Missel romain,* Préface des Dimanches, VIII.
[38] Const. *Sacrosanctum Concilium,* n. 41.

L'Eglise exprime la *sainteté* qui lui vient du Christ (cf. *Ep* 5, 26-27) quand, rassemblée en un seul corps par l'Esprit Saint [39] qui sanctifie et qui donne la vie,[40] elle communique aux fidèles, par l'Eucharistie et les autres sacrements, toute grâce et toute bénédiction du Père.[41]

Dans la célébration liturgique, l'Eglise exprime sa *catholicité,* car en elle l'Esprit du Seigneur rassemble des hommes de toutes langues dans la profession de la même foi,[42] et de l'Orient à l'Occident elle présente à Dieu le Père l'offrande du Christ et s'offre elle-même avec lui.[43]

Enfin, dans la liturgie, l'Eglise manifeste qu'elle est *apostolique,* parce que la foi qu'elle professe est fondée sur le témoignage des Apôtres, parce que, dans la célébration des mystères, présidée par l'évêque, successeur des Apôtres, ou par un ministre ordonné dans la succession apostolique, elle transmet fidèlement ce qu'elle-même a reçu de la tradition apostolique, parce que le culte qu'elle rend à Dieu lui apprend qu'elle a la mission de rayonner l'Evangile dans le monde.

Ainsi, c'est avant tout dans la liturgie que le mystère de l'Eglise est annoncé, goûté et vécu.[44]

[39] Cf. *Missel romain,* Prières eucharistiques II et IV.

[40] Cf. *ibid.,* Prière eucharistique III; Symbole de Nicée-Constantinople.

[41] Cf. *ibid.,* Prière eucharistique I.

[42] Cf. *ibid.,* Bénédiction solennelle pour le Dimanche de la Pentecôte.

[43] Cf. *ibid.,* Prière eucharistique III.

[44] Cf. *Allocution* aux participants du Congrès des Présidents et Secrétaires des Commissions nationales de Liturgie (27 octobre 1984), n. 1: *Insegnamenti,* VII, 2 (1984), p. 1049.

III
ORIENTATIONS POUR GUIDER LE RENOUVEAU DE LA VIE LITURGIQUE

10. De ces principes résultent des normes et des orientations qui doivent guider le renouveau de la vie liturgique. Si la réforme de la liturgie voulue par le deuxième Concile du Vatican peut être considérée désormais comme achevée, la pastorale liturgique, au contraire, constitue un devoir permanent afin de puiser toujours plus abondamment, dans la richesse de la liturgie, la force vitale qui, du Christ, se répand dans les membres de son Corps qui est l'Eglise.

Parce que la liturgie est l'exercice du sacerdoce du Christ, il est nécessaire de maintenir toujours vive l'affirmation du disciple devant la présence mystérieuse du Christ: « C'est le Seigneur! » (*Jn* 21, 7). Rien de tout ce que nous faisons, nous, dans la liturgie ne peut apparaître comme plus important que ce que fait le Christ, invisiblement, mais réellement, par son Esprit. La foi vive conduisant à l'amour, l'adoration, la louange du Père et le silence de contemplation seront toujours les premiers objectifs que devra atteindre une pastorale liturgique et sacramentelle.

Parce que la liturgie est toujours imprégnée de la parole de Dieu, il faut que toute autre parole soit en harmonie avec elle, en premier lieu l'homélie, mais aussi les chants et les monitions. Aucune autre lecture ne doit remplacer la parole biblique, et la parole des hommes doit être au service de la parole de Dieu, sans l'obscurcir.

Parce que « les actions liturgiques ne sont pas des actions privées, mais des célébrations de l'Eglise, qui est le sacrement de l'unité »,[45] leur discipline dépend uniquement de l'autorité hiérarchique de l'Eglise.[46] La liturgie appartient au Corps tout entier de l'Eglise.[47] C'est pourquoi il n'est permis à personne, même au prêtre, ni à un groupe quelconque, d'y ajouter, enlever ou changer quoi que ce soit, de son propre chef.[48] La fidélité aux rites et aux textes authentiques de la liturgie est une exigence de la « lex orandi », qui doit toujours être conforme à la « lex credendi ». Le manque de fidélité sur ce point peut même toucher à la validité des sacrements.

Parce qu'elle est une célébration de l'Eglise, la liturgie appelle la participation pleine, consciente et active de tous, selon la diversité des ordres et des fonctions:[49] tous, ministres et fidèles,

[45] Const. *Sacrosanctum Concilium*, n. 26.
[46] Cf. *ibid.*, nn. 22 et 26.
[47] Cf. *ibid.*, n. 26.
[48] Cf. *ibid.*, n. 22.
[49] Cf. *ibid.*, n. 26.

en accomplissant leur fonction, font tout ce qui leur revient, et seulement ce qui leur revient.[50] C'est pourquoi l'Eglise donne la préférence à la célébration commune, quand la nature des rites l'appelle;[51] elle encourage la formation de servants, de lecteurs, de chanteurs, de commentateurs, qui accomplissent un véritable ministère liturgique;[52] elle a restauré la concélébration;[53] elle recommande la célébration commune de l'Office divin.[54]

Parce que la liturgie est la grande école de la prière de l'Eglise, il a été jugé bon d'introduire et de développer l'usage de la langue vivante — sans éliminer l'usage de la langue latine, conservée par le Concile pour les rites latins[55] — afin que chacun puisse entendre et proclamer en sa langue maternelle les merveilles de Dieu (cf. *Ac* 2, 11); et aussi d'augmenter le nombre des préfaces et des prières eucharistiques, qui enrichissent le trésor de la prière et l'intelligence des mystères du Christ.

Parce que la liturgie a une grande valeur pastorale, les livres liturgiques ont prévu une marge d'adaptation à l'assemblée et aux personnes, et une possibilité d'ouverture au génie et à la culture des différents peuples.[56] La révision des

[50] Cf. *ibid.*, n. 28.
[51] Cf. *ibid.*, n. 27.
[52] Cf. *ibid.*, n. 29.
[53] Cf. *ibid.*, n. 57; cf. S. Congrégation des Rites, Décret général *Ecclesiae semper* (7 mars 1965): *AAS* 57 (1965), pp. 410-412.
[54] Cf. Const. *Sacrosanctum Concilium*, n. 99.
[55] Cf. *ibid.*, n. 36.
[56] Cf. *ibid.*, nn. 37-40.

rites a recherché une noble simplicité[57] et des signes facilement compréhensibles, mais la simplicité souhaitée ne doit pas dégénérer dans l'appauvrissement des signes. Au contraire, les signes, surtout les signes sacramentels, doivent avoir la plus grande expressivité. Le pain et le vin, l'eau et l'huile, mais aussi l'encens, les cendres, le feu et les fleurs, et presque tous les éléments de la création ont leur place dans la liturgie comme une offrande au Créateur et contribuent à la dignité et à la beauté de la célébration.

[57] Cf. *ibid.*, n. 34.

IV
APPLICATION CONCRÈTE DE LA RÉFORME

a) Difficultés

11. Il faut reconnaître que l'application de la réforme liturgique s'est heurtée à des difficultés dues surtout à un contexte peu favorable, marqué par une privatisation du domaine religieux, un certain rejet de toute institution, une moindre visibilité de l'Eglise dans la société, une remise en question de la foi personnelle. On peut supposer aussi que le passage d'une simple assistance, assez souvent passive et muette, à une participation plus pleine et active a été une exigence trop forte pour certains. Il en est résulté des attitudes diverses et même opposées vis-à-vis de la réforme: certains ont reçu les nouveaux livres avec quelque indifférence ou sans chercher à comprendre ni à faire comprendre les motifs des changements; d'autres, malheureusement, se sont repliés de manière unilatérale et exclusive sur les formes liturgiques précédentes, perçues par certains comme seule garantie de sécurité dans la foi; d'autres

enfin ont promu des innovations fantaisistes, prenant leurs distances par rapport aux normes établies par l'autorité du Siège apostolique ou des évêques, perturbant l'unité de l'Eglise et la piété des fidèles, heurtant même parfois les données de la foi.

b) Résultats positifs

12. Cela ne doit pas faire oublier que les pasteurs et le peuple chrétien, dans leur immense majorité, ont accueilli la réforme liturgique dans un esprit d'obéissance et même de ferveur joyeuse.

C'est pourquoi il faut rendre grâce à Dieu pour le passage de son Esprit dans son Eglise qu'a été le renouveau liturgique;[58] pour la table de la parole de Dieu désormais largement ouverte à tous;[59] pour l'immense effort entrepris à travers le monde afin de fournir au peuple chrétien des traductions de la Bible, du Missel et des autres livres liturgiques; pour la participation accrue des fidèles, par les prières et les chants, les attitudes et le silence, à l'Eucharistie et aux autres sacrements; pour les ministères accomplis par les laïcs, et les responsabilités qu'ils ont prises en vertu du sacerdoce commun dans

[58] Cf. *ibid.*, n. 43.
[59] Cf. Const. dogmatique *Dei Verbum*, n. 21; Const. *Sacrosanctum Concilium*, n. 51.

lequel ils sont établis par le baptême et la confirmation; pour la vitalité rayonnante de tant de communautés chrétiennes, puisée à la source de la liturgie.

Ce sont là autant de motifs de rester fidèlement attachés à l'enseignement de la constitution *Sacrosanctum Concilium* et aux réformes qu'elle a permis de réaliser: « Le renouveau liturgique est le fruit le plus apparent de toute l'œuvre conciliaire ».[60] Pour beaucoup, le message du deuxième Concile du Vatican a été perçu avant tout à travers la réforme liturgique.

c) APPLICATIONS ERRONÉES

13. A côté de ces bienfaits de la réforme liturgique, il faut reconnaître et déplorer certaines déviations, plus ou moins graves, dans son application.

On constate parfois des omissions ou des ajouts illicites, des rites inventés hors des normes établies, des attitudes ou des chants qui ne favorisent pas la foi ou le sens du sacré, des abus dans la pratique de l'absolution collective, des confusions entre le sacerdoce ministériel, lié à l'Ordination, et le sacerdoce commun des fidèles, qui a son fondement dans le baptême.

[60] Relation finale de l'Assemblée extraordinaire du Synode des Evêques (7 décembre 1985), II, B, b, 1.

On ne peut tolérer que certains prêtres s'arrogent le droit de composer des prières eucharistiques ou de remplacer les textes de l'Ecriture Sainte par des textes profanes. Des initiatives de ce genre, loin d'être liées à la réforme liturgique elle-même, ou aux livres qui en sont issus, lui contreviennent directement, la défigurent et privent le peuple chrétien des richesses authentiques de la liturgie de l'Eglise.

Il appartient aux évêques d'extirper ces abus, puisque le gouvernement de la liturgie dépend de l'évêque, dans les limites du droit,[61] et que « la vie chrétienne de ses fidèles découle de lui en quelque manière ».[62]

[61] Cf. Const. *Sacrosanctum Concilium*, n. 22, § 1.
[62] *Ibid.*, n. 41.

V

L'AVENIR DU RENOUVEAU

14. La constitution *Sacrosanctum Concilium* a exprimé la voix unanime du Collège épiscopal rassemblé autour du successeur de Pierre et avec l'assistance de l'Esprit de vérité promis par le Seigneur Jésus (cf. *Jn* 15, 26): elle continue d'entraîner l'Eglise dans la voie du renouveau et de la sainteté, en développant la vie liturgique authentique.

Les principes énoncés dans ce document sont aussi des orientations pour l'avenir de la liturgie, de manière que la réforme liturgique soit toujours mieux comprise et réalisée. « Il est donc nécessaire et il convient tout à fait d'entreprendre à nouveau une *éducation intensive* pour faire découvrir les richesses que contient la liturgie actuelle ».[63]

La liturgie de l'Eglise va au-delà de la réforme liturgique. Nous ne sommes pas dans la même situation qu'en 1963: une génération de prêtres et de fidèles, qui n'a pas connu les livres liturgiques d'avant la réforme, exerce au-

[63] Lettre *Dominicae Cenae* (24 février 1980), n. 9: *AAS* 72 (1980), p. 133.

jourd'hui les responsabilités dans l'Eglise et la société. On ne peut donc continuer à parler de changement comme au temps de la publication du document, mais d'un approfondissement toujours plus intense de la liturgie de l'Eglise, célébrée selon les livres actuels et vécue avant tout comme un fait d'ordre spirituel.

a) Formation biblique et liturgique

15. La tâche la plus urgente est celle de la formation biblique et liturgique du peuple de Dieu, pasteurs et fidèles. La constitution l'avait déjà souligné: « Il n'y a aucun espoir d'obtenir ce résultat (la participation pleine et active de tout le peuple), si d'abord les pasteurs eux-mêmes ne sont pas profondément imprégnés de l'esprit et de la force de la liturgie, et ne deviennent pas capables de l'enseigner ».[64] C'est là une œuvre de longue haleine, qui doit commencer dans les séminaires et les maisons de formation,[65] et se poursuivre tout au long d'une vie sacerdotale.[66] Cette même formation, adaptée à leur état,

[64] Const. *Sacrosanctum Concilium*, n. 14.

[65] Cf. S. Congrégation des Rites, Instruction *Inter œcumenici* (26 septembre 1964), nn. 11-13: *AAS* 56 (1964), pp. 879-880; S. Congrégation pour l'Education catholique, « *Ratio fundamentalis* » pour la formation sacerdotale (6 janvier 1970), ch. VIII: *AAS* 62 (1970), pp. 351-361; Instruction *In ecclesiasticam futurorum* sur la formation liturgique dans les séminaires (3 juin 1979), Rome, 1979.

[66] Cf. S. Congrégation des Rites, Instruction *Inter œcumenici* (26 septembre 1964), nn. 14-17: *AAS* 56 (1964), pp. 880-881.

est indispensable aussi aux laïcs,[67] d'autant plus que ceux-ci sont appelés, dans bien des régions, à assumer des responsabilités de plus en plus notables dans la communauté.

b) Adaptation

16. Une autre tâche importante à l'avenir est celle de l'adaptation de la liturgie aux différentes cultures. La constitution en a énoncé le principe et indiqué la procédure à suivre de la part des Conférences épiscopales.[68] L'adaptation des langues a été rapide, bien que parfois difficile à réaliser. L'adaptation des rites l'a suivie, plus délicate, mais également nécessaire. L'effort à poursuivre demeure considérable pour enraciner la liturgie dans les diverses cultures, en accueillant celles de leurs expressions qui peuvent s'harmoniser avec les aspects du *véritable et authentique esprit liturgique,* dans le respect de l'*unité substantielle du rite romain,* exprimé dans les livres liturgiques.[69] L'adaptation doit tenir compte du fait que, dans la liturgie, surtout celle des sacrements, il existe une *partie immuable* — parce qu'elle est d'institution divine —, dont l'Eglise est gardienne, et des *parties susceptibles de changement,* qu'elle a le pouvoir, et parfois même

[67] Cf. Const. *Sacrosanctum Concilium,* n. 19.
[68] Cf. *ibid.,* n. 39.
[69] Cf. *ibid.,* nn. 37-40.

le devoir, d'adapter aux cultures des peuples récemment évangélisés.[70] Ce n'est pas un problème nouveau dans l'Eglise: la diversité liturgique peut être source d'enrichissement, elle peut aussi provoquer des tensions, des incompréhensions réciproques et même des schismes. Dans ce domaine, il est clair que la diversité ne doit pas nuire à l'unité. Elle ne peut s'exprimer que dans la fidélité à la foi commune, aux signes sacramentels que l'Eglise a reçus du Christ, et à la communion hiérarchique. L'adaptation aux cultures exige une conversion du cœur et, s'il le faut, des ruptures avec des habitudes ancestrales incompatibles avec la foi catholique. Cela requiert une sérieuse formation théologique, historique et culturelle, et un jugement sain pour discerner ce qui est nécessaire, ou utile, ou au contraire inutile ou dangereux pour la foi. « Un progrès satisfaisant en ce domaine ne pourra être le fruit que d'une maturation progressive dans la foi, intégrant le discernement spirituel, la lucidité théologique, le sens de l'Eglise universelle, dans une large concertation ».[71]

c) Attention aux problèmes nouveaux

17. L'effort du renouveau liturgique doit encore répondre aux exigences de notre temps.

[70] Cf. *ibid.*, n. 21.

[71] *Allocution* à un groupe d'évêques de la Conférence épiscopale du Zaïre (12 avril 1983), n. 5: *AAS* 75 (1983), p. 620.

La liturgie n'est pas désincarnée.[72] Depuis vingt-cinq ans, des problèmes nouveaux se sont posés ou ont pris un relief nouveau, tels que, par exemple, l'exercice du diaconat ouvert à des hommes mariés, les fonctions confiées à des laïcs, hommes et femmes, dans les célébrations, les célébrations liturgiques pour les enfants, les jeunes et les handicapés, les modalités de composition de textes liturgiques appropriés à un pays.

La constitution *Sacrosanctum Concilium* ne fait pas référence à ces problèmes, mais donne les principes généraux pour coordonner et promouvoir la vie liturgique.

d) Liturgie et piété populaire

18. Enfin, pour sauvegarder la réforme et assurer le progrès de la liturgie,[73] il faut tenir compte de la piété populaire chrétienne et de son rapport avec la vie liturgique.[74] Cette piété populaire ne peut être ni ignorée, ni traitée avec indifférence ou mépris, car elle est riche de valeurs,[75] et déjà par elle-même elle exprime le fond religieux de l'homme devant Dieu. Mais elle a

[72] *Allocution* aux participants du Congrès des Présidents et Secrétaires des Commissions nationales de Liturgie (27 octobre 1984), n. 2: *Insegnamenti,* VII, 2 (1984), p. 1051.

[73] Cf. Const. *Sacrosanctum Concilium*, n. 1.

[74] Cf. *ibid.*, nn. 12-13.

[75] Cf. Paul VI, Exhortation apostolique *Evangelii nuntiandi* (8 décembre 1975), n. 48: *AAS* 68 (1976), pp. 37-38.

besoin sans cesse d'être évangélisée, pour que la foi qui l'inspire s'exprime par un acte toujours plus réfléchi et authentique. Les « pieux exercices » du peuple chrétien,[76] comme aussi les autres formes de dévotion, sont accueillis et recommandés, pourvu qu'ils ne se substituent pas et qu'ils ne se mélangent pas aux célébrations liturgiques. Une authentique pastorale liturgique saura s'appuyer sur les richesses de la piété populaire, les purifier et les orienter vers la liturgie comme offrande des peuples.[77]

[76] Cf. Const. *Sacrosanctum Concilium*, n. 13.

[77] Cf. *Allocution* à la Conférence des évêques des Abruzzes et Molise en visite *« ad limina »* (24 avril 1986), nn. 3-7: *AAS* 78 (1986), pp. 1140-1143.

VI

LES ORGANISMES RESPONSABLES DU RENOUVEAU LITURGIQUE

a) La Congrégation pour le Culte divin et la Discipline des Sacrements

19. La charge de promouvoir le renouveau de la liturgie revient en premier lieu au Siège apostolique.[78] Voici quatre cents ans cette année, Sixte V créait la Sacrée Congrégation des Rites et lui confiait la tâche de veiller sur l'exercice du culte divin, réformé à la suite du Concile de Trente. Saint Pie X créa une autre Congrégation, pour la Discipline des Sacrements. Pour mettre en œuvre la constitution sur la liturgie du deuxième Concile du Vatican, Paul VI institua un *Conseil*[79] puis la Sacrée Congrégation pour le Culte divin,[80] qui ont accompli la tâche qu'ils avaient reçue, avec générosité, compétence et rapidité. Selon la nouvelle disposition de la Curie romaine prévue par la consti-

[78] Cf. Const. *Sacrosanctum Concilium*, n. 22, § 1.

[79] Lettre apost. *Sacram Liturgiam* (25 janvier 1964): *AAS* 56 (1964), pp. 139-144.

[80] Const. apost. *Sacram Rituum Congregatio* (8 mai 1969): *AAS* 61 (1969), pp. 297-305.

tution apostolique *Pastor Bonus*, tout le domaine de la liturgie sacrée est unifié et revient à un seul Dicastère: la Congrégation pour le Culte divin et la Discipline des Sacrements. Il lui appartient, restant sauve la compétence de la Congrégation pour la Doctrine de la Foi,[81] de régler et de promouvoir la liturgie, dont les sacrements sont la partie essentielle, en encourageant l'action pastorale liturgique,[82] en soutenant les divers organismes qui se consacrent à l'apostolat liturgique, à la musique, au chant et à l'art sacré,[83] et en veillant à la discipline sacramentelle.[84] C'est là une œuvre importante, puisqu'il s'agit avant tout de garder fidèlement les grands principes de la liturgie catholique, illustrés et développés dans la constitution conciliaire, et de s'en inspirer pour promouvoir et approfondir dans toute l'Eglise le renouveau liturgique.

La Congrégation aidera, par conséquent, les évêques diocésains dans leur charge de présenter à Dieu le culte de la religion chrétienne et de le régler selon les préceptes du Seigneur et selon les lois de l'Eglise.[85] Elle sera en rapport étroit et confiant avec les Conférences épiscopales, pour ce qui touche à leur compétence dans le domaine liturgique.[86]

[81] Const. apost. *Pastor Bonus* (28 juin 1988), n. 69: *AAS* 80 (1988), p. 876.

[82] Cf. *ibid.*, n. 64: *l.c.*, pp. 876-877.

[83] Cf. *ibid.*, n. 65: *l.c.*, p. 877.

[84] Cf. *ibid.*, nn. 63 et 66: *l.c.*, pp. 876 et 877.

[85] Cf. Const. dogmatique *Lumen gentium*, n. 26; Const. *Sacrosanctum Concilium*, n. 22, § 1.

[86] Cf. Const. apost. *Pastor Bonus*, n. 64, § 3: *l.c.*, p. 877.

b) Les Conférences épiscopales

20. Les Conférences épiscopales ont eu la lourde charge de préparer les traductions des livres liturgiques.[87] Les nécessités du moment ont parfois conduit à utiliser des traductions provisoires, qui ont été approuvées *ad interim*. Mais le temps est venu de réfléchir à certaines difficultés éprouvées depuis, de remédier à certaines faiblesses ou inexactitudes, de compléter les traductions partielles, de créer ou d'approuver les chants à utiliser dans la liturgie, de veiller au respect des textes approuvés, de publier enfin des livres liturgiques dans un état qu'on peut considérer comme acquis durablement et dans une présentation qui soit digne des mystères célébrés.

Pour le travail de traduction, mais aussi pour une concertation plus large à l'échelle du pays entier, les Conférences épiscopales devaient constituer une Commission nationale et s'assurer le concours de personnes expertes dans les différents secteurs de la science et de l'apostolat liturgique.[88] Il convient de s'interroger sur le bilan, positif ou négatif, de cette Commission, sur les orientations et sur l'aide qu'elle a reçues de la Conférence des évêques dans sa composition ou son activité. Le rôle de cette Commission est beaucoup plus délicat quand la

[87] Cf. Const. *Sacrosanctum Concilium*, nn. 36 et 63.
[88] Cf. *ibid.*, n. 44.

Conférence veut traiter de certaines mesures d'adaptation ou d'inculturation plus profondes:[89] c'est une raison de plus pour veiller à y placer des personnes vraiment expertes.

c) L'ÉVÊQUE DIOCÉSAIN

21. Dans chaque diocèse, l'évêque est le principal dispensateur des mystères de Dieu comme aussi l'organisateur, le promoteur et le gardien de toute la vie liturgique dans l'Eglise qui lui est confiée.[90] Quand l'évêque célèbre au milieu de son peuple, c'est le mystère même de l'Eglise qui se manifeste. Il est donc nécessaire que l'évêque soit fortement convaincu de l'importance de telles célébrations pour la vie chrétienne de ses fidèles. Elles doivent être un modèle pour tout le diocèse.[91] Il reste encore beaucoup à faire pour aider les prêtres et les fidèles à pénétrer le sens des rites et des textes liturgiques, pour développer la dignité et la beauté des célébrations et des lieux, pour promouvoir, à la manière des Pères, une « catéchèse mystagogique » des sacrements. Pour mener à bien cette tâche, l'évêque doit constituer une ou même plusieurs Commissions

[89] Cf. *ibid.*, n. 40.
[90] Cf. Décret *Christus Dominus*, n. 15.
[91] Cf. *Discours* aux évêques italiens participants à un cours de formation liturgique (12 février 1988), n. 1: *L'Osservatore Romano*, 13 février 1988, p. 4.

diocésaines, qui lui apporteront leur concours plus réfléchi et authentique. Les « pieux exercices » du peuple chrétien,[76] comme aussi les autres formes de dévotion, sont accueillis et pensée et les directives de l'évêque et devra pouvoir compter sur son autorité et son encouragement pour accomplir son rôle.

[92] Cf. Const. *Sacrosanctum Concilium*, nn. 45-46.

CONCLUSION

22. La liturgie n'est pas le tout de l'activité de l'Eglise, la constitution *Sacrosanctum Concilium* l'a rappelé,[93] mais elle est une source et un sommet.[94] Elle est une source parce que, principalement dans les sacrements, les fidèles puisent en abondance l'eau de la grâce, qui coule du côté du Christ en croix. Pour reprendre une image chère à Jean XXIII, elle est comme la fontaine du village où chaque génération vient puiser l'eau toujours vive et fraîche. Elle est un sommet, parce que toute l'activité de l'Eglise tend vers la communion de vie avec le Christ et que c'est dans la liturgie que l'Eglise manifeste et communique aux fidèles l'œuvre du salut réalisée une fois pour toutes par le Christ.

23. Le temps paraît venu de retrouver le grand souffle qui a soulevé l'Eglise au moment où la constitution *Sacrosanctum Concilium* a été préparée, discutée, votée, promulguée et où elle a connu ses premières mesures d'application. Le grain a été semé: il a connu la rigueur de l'hiver,

[93] Cf. *ibid.*, n. 9.
[94] Cf. *ibid.*, n. 10.

mais la semence a germé, elle est devenue un arbre. Il s'agit bien, en effet, de la croissance organique d'un arbre d'autant plus vigoureux qu'il plonge plus profond ses racines dans la terre de la tradition.[95] Je voudrais rappeler ici ce que je disais au Congrès des Commissions liturgiques en 1984: dans l'œuvre de rénovation liturgique voulue par le Concile, il faut tenir présents, « de la manière la plus équilibrée, la part de Dieu et la part de l'homme, la hiérarchie et les fidèles, la tradition et le progrès, la loi et l'adaptation, le particulier et la communauté, le silence et l'élan choral. Ainsi la liturgie de la terre se reliera à celle du ciel, où [...] se formera un seul chœur [...] pour élever d'une seule et même voix un chant de louange vers le Père par Jésus Christ ».[96]

Avec ce souhait plein de confiance, qui dans mon cœur se transforme en prière, je vous donne à tous la Bénédiction apostolique.

Du Vatican, le 4 décembre 1988, en la onzième année de mon pontificat.

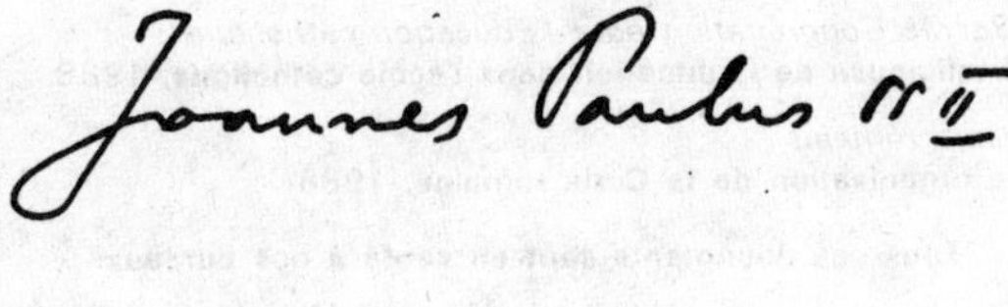

[95] Cf. *ibid.*, n. 23.

[96] *Allocution* aux participants du Congrès des Présidents et Secrétaires des Commissions nationales de Liturgie (27 octobre 1984), n. 6: *Insegnamenti*, VII, 2 (1984), p. 1054.

● *Encycliques de Jean Paul II*

Le Rédempteur de l'homme, *Redemptor hominis,* 1979.
La Miséricorde divine, *Dives in misericordia,* 1980.
Le travail humain, *Laborem exercens,* 1981.
Saints Cyrille et Méthode, apôtres des Slaves, *Slavorum apostoli,* 1985.
L'Esprit-Saint dans la vie de l'Eglise et du monde, *Dominum et vivificantem,* 1986.
La Bienheureuse Vierge Marie dans la vie de l'Eglise en marche, *Rédemptoris Mater,* 1987.
La paix sociale, la paix des peuples, *Sollicitudo rei socialis,* 1988.
La dignité et la vocation de la femme, *Mulieris dignitatem,* 1988.

● *Lettres et exhortations apostoliques de Jean Paul II*

Catéchèse en notre temps, *Catechesi tradendae,* 1979.
Sur les universités et facultés ecclésiastiques, *Sapientia christiana,* 1979.
Message aux familles chrétiennes, 1980.
Tâches de la famille chrétienne, *Familiaris consortio,* 1981.
Pour le 1 600ᵉ anniversaire du Iᵉʳ Concile de Constantinople, 1981.
Charte des droits de la famille, 1983.
Sens chrétien de la souffrance, *Salvifici doloris,* 1984.
Aux religieux (ses), *Redemptoris donum,* 1984.
Réconciliation et pénitence, *Reconciliatio et paenitentia,* 1984.
Les grands mystères, 1984.
La mission de l'Eglise au service de l'unité, (aux cardinaux), 1985.
Le monde de la souffrance, *Dolentium hominum,* 1985.
Conversion de saint Augustin, Augustinum hipponensem, 1986.
Millénaire du baptême de la Rus'de Kiev, *Euntes in Mudum,* 1988.
La vocation et la mission des laïcs dans l'Eglise et dans le monde, *Christifideles laïci,* 1988.

● *De la Sacrée Congrégation pour la Doctrine de la Foi*

Instruction sur quelques aspects de la « Théologie de la Libération », 1984.
Instruction sur la liberté chrétienne et la libération, 1986.
Lettre aux évêques de l'Eglise catholique sur la pastorale à l'égard des personnes homosexuelles, 1986.
Instruction sur le respect de la vie humaine naissante et la dignité de la procréation, 1987.

● *De la Commission Pontificale « Justice et Paix »*

Au service de la communauté humaine : une approche éthique de l'endettement international, 1987.
Qu'as-tu fait de ton frère sans abri ? L'Eglise et le problème de l'habitat, 1987.
L'Eglise face au racisme, 1988.

● *De la Sacrée Congrégation pour le Culte divin*

Lettre circulaire sur la préparation et la célébration des fêtes pascales, 1988.

● *De la Sacrée Congrégation pour l'Education catholique*

Dimension religieuse de l'Education dans l'école catholique, 1988.

● *Documents romains*

La nouvelle organisation de la Curie romaine, 1988.

Tous ces documents sont en vente à nos bureaux.

Reproduction offset
de la Polyglotte Vaticane

ISBN : 2-85244-935-8